L'Abbé Ernest CANDOLIVE

LA GROTTE DU P. MONTFORT DANS LA FORÊT DE MERVENT

QUATRIÈME ÉDITION

FONTENAY-LE-COMTE
IMPRIMERIE FONTENAISIENNE

1923

L'Abbé Ernest CANDOLIVE

LA GROTTE DU P. MONTFORT DANS LA FORÊT DE MERVENT

QUATRIÈME ÉDITION

FONTENAY-LE-COMTE
IMPRIMERIE FONTENAISIENNE

1923

Nihil Obstat
Lucionii 23 Januarii 1918
P. BOUTIN, can.
censor

Imprimatur
Lucionii 24 Januarii 1918
† GUSTAVUS LAZARUS
Ep. Lucionen.

Aller en forêt,
c'est bien ;
aller à la Grotte pour prier,
c'est mieux,
car un saint est passé par là.

Cette petite brochure est indispensable à toute personne qui vient à la Grotte du Père Montfort.

Elle lui fait connaître le Saint Missionnaire qui, séduit par la beauté et la majesté de ces lieux sauvages, s'est retiré dans une grotte restée célèbre. Cette grotte, témoin de ses mortifications, de ses pénitences, de ses prières, est devenue un sanctuaire, un lieu de pèlerinage où les pèlerins n'ont cessé et ne cesseront de venir parce que, selon l'Ecriture, in memorià æternà erit justus, *la mémoire du juste sera éternelle.*

DIVISION

I. — La Grotte du P. Montfort.
II. — Le Père Montfort.
III. — Ses moyens d'action.
IV. — Les Pèlerins.
V. — Cantiques.
VI. — Méthode pour la récitation du Rosaire.

Le Saint Missionnaire
Louis-Marie GRIGNON de MONTFORT

I

LA GROTTE DU PÈRE MONTFORT

Donnant une mission à Mervent, au mois de juillet 1715, le Père Montfort aperçut cette belle forêt, cette vaste et ombreuse solitude si propre au recueillement, à la contemplation, à la prière. Il en fut enthousiasmé.

Il voyait en effet des sites charmants et pittoresques, de grands arbres dont les cîmes verdoyantes et touffues ondulaient sur les monticules et les pentes. Il contemplait les hautes futaies inclinant leurs ombres sur le voyageur qui égare ses pas dans le dédale des sentiers ou qui se repose mollement assis parmi les bruyères ou sur
mollement assis parmi les bruyères ou ur
les gazons, les mousses tapissant le revers

des fossés. Il ressentait la douce fraîcheur entretenue par le petit ruisseau de la Mère qui promène son cours capricieux et va de moulin en moulin porter le travail et la vie.

Tout lui paraissait merveilleux.

Séduit par ces lieux ravissants, il résolut de s'y faire une retraite, une solitude.

Déjà il s'était fait un ermitage dans son pays natal, au milieu des ruines de l'ancien prieuré de Saint-Lazare ; puis un second à Saint-Eloi près la Rochelle ; mais apercevant cette belle forêt qui lui fournissait le moyen de réaliser le plus grand de ses désirs, il bénit le Seigneur et se mit à la recherche d'une solitude.

Tant il est vrai, dit Chateaubriant, que l'âme fatiguée du contact des hommes aime à s'enfoncer dans les océans boisés, à planer sur les gorges profondes, à méditer au bord des ruisseaux limpides, en un mot, à se trouver seule avec Dieu.

La solitude a quelque chose de salutaire : elle épure le Cœur, trempe le Caractère, préserve la Vertu. Ceux qui ne la connaissent pas sont comme ces arbres plantés au bord des grands chemins et qui conservent difficilement leurs fruits jusqu'à leur maturité.

Tous les saints ont eu leur solitude, leur lieu de retraite et de récollection ; surtout les âmes héroïques, celles que Dieu destinait à quelque grande mission.

Conduit par l'Esprit de Dieu, Montfort se chercha une solitude dans cette vaste forêt. Il suivit les sinuosités charmantes de la Mère, admirant les belles prairies, les coteaux, les rochers, les grands bois.

Il voyait partout la belle nature : des buissons d'aubépine aux blanches fleurs abritant de leur ombre des tapis dorés de primevères ; des rouges-gorges volant sur les rochers, l'hirondelle sur l'eau, la linotte sur la branche, l'alouette dans la nue ; des toits aux tuiles brunes et rouges paraissant au fond des ravins gracieusement encadrés par des collines en amphithéâtre et doucement éclairés par le plus beau soleil.

Il s'arrêta enfin devant une roche appelée: la roche aux faons. Gravissant un sentier escarpé, il découvrit à travers les broussailles une grotte spacieuse creusée dans le flanc de cette roche abrupte. Le lieu lui parut charmant : devant lui s'étendaient de beaux horizons, au bas coulait un ruisseau et à mi-côte une source limpide. il dit alors :

Voici des bois et des coteaux,
Une fontaine et des ruisseaux,
Une grotte loin des hameaux.

Puis suivant son inspiration, il se mit à chanter.

1. Loin du monde en cet ermitage
Cachons-nous pour prier Dieu.
Peut-on trouver un lieu
Où la grâce ait plus d'avantage.

Refr. Loin du monde en cet ermitage
Cachons-nous pour prier Dieu.

2. On n'entend point dans ces bocages
Les querelles des voisins
Ni les discours mondains
Ni les combats ni les naufrages.

3. On n'entend dans ces lieux champêtres
Aucuns discours mensongers,
Les bois et les rochers
Y sont de saints et savants maîtres.

4. Les rochers prêchent la constance,
Les bois la fécondité,
Les eaux la pureté
Et les oiseaux la diligence.

5. Quand je vois verdir le bocage
Ma ferveur reprend essor,
Je médite la mort
Quand j'en vois tomber le feuillage.

6. Si j'y vois la plus grosse plante
Se rompre au souffle des vents,
Je dis : Veillez mes sens
Un plus fort ennemi nous tente.

7. Qu'une chute est facile à faire,
Je l'éprouve en descendant,
Je pense en remontant
Qu'avec peine on monte au calvaire.

8. Que me dit le poisson qui nage
Dans l'eau, son seul élément ?
Que Dieu pareillement
Est mon centre et mon héritage.

9. Veut-on voir cette main puissante
Qui forma tout l'univers ?
Les monts de ces déserts
En sont une trace constante.

10. Quel bonheur même en cette vie,
Et quels transports merveilleux
On goûte en ces lieux
Quand l'âme s'y tient recueillie.

11. Pour goûter ces chastes délices
Il faut un sage Chrétien ;
Le fou n'y comprend rien,
Les déserts feraient son supplice.

12. C'est à moi, dit Dieu, de conduire
Dans la retraite un pécheur
Pour parler à son cœur
Et le soumettre à mon empire.

14. Vaquons dans ce lieu solitaire
A l'affaire du salut
N'ayons point d'autre but
Puisque seul il est nécessaire.

Après cela, il entra dans sa grotte, disant avec l'auteur de l'Imitation :

O beata solitudo ! O bienheureuse solitude.
O sola beatitudo ! O seule béatitude.

Cette grotte, en effet, est dans une situation admirable. Devant soi, les regards glissant au-dessous des arbres aperçoivent dans le lointain le bassin bocageux ; au bas et des deux côtés, les yeux se perdent dans les gorges profondes et sinueuses de la rivière la Mère.

Il est une description qu'en a faite un amant de la belle nature : « De ce point élevé, dit-il, l'œil embrasse un vaste horizon ;

« D'un coté, c'est cette majestueuse forêt de Vouvant avec ses beaux grands arbres dont les ondulations se poussent, comme les vagues de la mer, jusqu'à Mervent.

« D'un autre côté, comme du haut d'un promontoire, l'œil découvre de magnifiques campagnes, des prés et des coteaux où grimpent, paissent et bondissent des agneaux que conduit la jeune bergère en filant sa quenouille ou le berger en jouant du chalumeau et faisant claquer son fouet que répètent sans cesse les échos.

« ....De cette éminence, au-dessus de la tête, c'est le ciel et aux pieds, la terre : çà et là des rochers, des sources d'eau vive qui s'échappent en petits ruisseaux.

« Dans la belle saison, tous les oiseaux de la forêt semblent s'y donner rendez-vous pour célébrer à l'envi l'auteur d'un si beau paysage tant leurs concerts sont nombreux et variés. »

Montfort avait trouvé la vraie solitude et pouvait se livrer à ses pieuses méditations. Le silence n'était interrompu que de loin en loin par le taquet du moulin de la Vallée ou par la cognée du bûcheron.

Mais bientôt il s'aperçut que sa grotte était ouverte à tous les vents du Nord et que sa santé n'y tiendrait pas, surtout aux fraîcheurs des nuits. Pour la garantir, il fallait un rempart, un mur. Il fit appel aux habitant de Mervent dont il venait de relever l'église délabrée. Il l'avait trouvée presqu'en ruine, le toit crevassé, la charpente à demi-pourrie, les murailles lézardées et les fenêtres sans vitraux. Montfort avait adjuré les habitants à faire des sacrifices pour restaurer la maison de Dieu. Comme la foi n'était pas morte dans ces âmes, il y eut émulation, et l'église fut entièrement restaurée pour la fin de la mission.

Aussi, tout remplis des pieux souvenirs de cette mission et reconnaissants envers le saint missionnaire du bien qu'il avait fait parmi eux, les Mervendais s'empressèrent de répondre à son appel et lui apportèrent leur généreux concours.

Le mur fut élevé et la grotte elle-même fut approfondie pour recevoir le modeste ameublement d'un solitaire : une couchette, une table, une chaise. Un jardin fut tracé au-dessus de la grotte et l'on creusa plus bas une fontaine pour retenir les eaux de la source.

Montfort aurait voulu élever un calvaire et pratiquer un chemin de la route de Fontenay à Pierre-Brune, donnant accès à son ermitage ; comme il fallait couper des arbres et arracher des souches, il en fut empêché par l'administration forestière.

Il avait déjà commencé quand un procès-verbal lui fut dressé par le Sénéchal de Fontenay : Moriceau de la Cheuse.

Montfort qui avait consulté l'Evêque de la Rochelle et reçu, mais seulement de vive-voix, l'autorisation de M. Fagon, grand maître des Eaux et Forêts, avait cru pouvoir agir ainsi. Il s'était trompé. Toutefois le procès n'eut pas de suite, si ce n'est le renversement de son mur.

Alors le vent du nord pénétrant sans obstacle dans sa grotte, il ne put y rester longtemps, il dut même l'abandonner ; mais il ne la quitta pas tout entier, son souvenir y resta vivant et sa grotte devint le pieux rendez-vous des fidèles de la la contrée.

II

LE PÈRE MONTFORT

Montfort n'était pas de la Vendée. Il prit naissance à Montfort-sur-Meu, diocèse de Rennes, le 21 Janvier 1678.

Son père fut J.-B. Grignon, sieur de la Bacheleraie, et sa mère, Jeanne Robert de Launaye, fille d'un échevin de la ville de Rennes. La maison où il est né se voit encore rue de la Saunerie, tout près de l'église de Montfort

Il eut le privilège qu'ont eu tous les saints, celui d'avoir une bonne et sainte mère. L'enfant se forme sur les genoux de sa mère. Elle est sa première éducatrice et il devient presque toujours dans la suite ce que sa mère l'a fait. Si toutes les mères le comprenaient !

Formé par sa pieuse mère, Montfort puisa dans son cœur et sur ses lèvres cet amour

de Dieu et de la Sainte Vierge qui devait embraser son âme et en faire une âme d'apôtre.

Sa vocation se révéla à lui dans la chapelle des Carmes, aux pieds de l'image de Marie. Dans un élan de filiale confiance, il la conjura de l'éclairer sur sa vocation ; alors il entendit distinctement au fond de son cœur la réponse du Ciel : tu seras prêtre. L'ordre de Dieu lui parut si clair qu'il fut à l'instant fixé et pas un jour de sa vie, déclara-t-il, il n'eut la pensée d'en douter.

Il fit ses premières études au collège des jésuites à Rennes, puis vint à Paris au séminaire de Saint-Sulpice pour faire et compléter son éducation théologique.

Partout il se distingua par sa science et sa piété et devint en peu de temps : Théologien, orateur, poète, artiste au plus haut degré.

Dieu qui le destinait pour agir sur les masses lui avait donné tout ce qu'il fallait pour remplir une mission aussi difficile et aussi importante. Aussi était-il parfaitement doué du côté de la nature comme de celui de la grâce. Il avait les trois S qui le rendaient le type du parfait missionnaire : Santé, Science, Sainteté. Ces trois forces physique, intellectuelle et morale ne pouvaient manquer de produire leurs fruits.

Il avait une force d'Hercule, une santé de fer, une imagination vive, un cœur ardent, un caractère énergique, des talents d'artiste et de poète ; un tel homme ne devait pas marcher par un chemin battu mais plutôt surprendre et même inquiéter tous ceux qui le verraient agir : ce qui explique les blâmes et les persécutions qu'il eut à essuyer de la part même de ceux qui auraient dû le soutenir.

Il fut partout vénéré et partout persécuté ; alors il se rendit à Rome auprès du Souverain Pontife Clément IX pour lui soumettre son traité de la Vraie dévotion à la Sainte Vierge. Le Pape le reçut avec bienveillance, approuva sa doctrine et sa méthode d'apostolat, le combla de ses faveurs et le renvoya en sa patrie comme missionnaire apostolique.

Montfort présenta au Souverain pontife un petit cruficix d'ivoire, suppliant sa Sainteté de le bénir et d'y attacher une indulgence plénière pour tous ceux qui la baiseraient à l'heure de la mort. Le Pape acceda à sa demande. Le saint Missionnaire en fut heureux. Il portera désormais dans toutes ses prédications son crucifix indulgencié et le fixera pendant ses voyages à l'extrémité de son bâton afin de l'avoir toujours devant les yeux.

Fort de l'appui du Saint Père, il commença ses missions dans l'Ouest de la France et parcourut d'abord la Bretagne, le diocèse de Poitiers, puis vint dans celui de Nantes où sa mission la plus renommée fut celle de Ponchateau, en raison du Calvaire monumental qu'il y fit ériger, de là il passa dans celui de la Rochelle. Arrivé dans cette ville, il eut à combattre les Calvinistes ; ceux-ci, furieux de ses succès, conçurent le projet d'attenter à sa vie. Ils réussirent à glisser du poison dans le bouillon qu'on lui servait à sa descente de chaire. Ce poison ne produisit point tout son effet en raison du contre-poison qu'il absorba aussitôt, mais il contribua à abréger ses jours.

Puis il évangélisa les paroisses de Thairé, Saint-Vivien, Esnandes, Courçon, la Seguinière. Il donna des missions au Vanneau, à Saint-Médard, à Vérines, ou Gué-d'Alleret, à Taugon-la Ronde.

Entendant parler de ses succès, l'évêque de Luçon, Monseigneur de Lescure, l'appela en Vendée pour y faire l'œuvre de Dieu. Montfort répondit à son appel et parcourut les paroisses de l'Ile d'Yeu. la Garnache, Sallertaine, Saint-Christophe-du-Ligneron, puis vint à Fontenay, Mervent et enfin à Saint-Laurent-sur-Sèvre où il termina sa carrière apostolique.

Partout il prêcha la croix, le Rosaire, le Sacré-Cœur. Son objectif était la Conversion des pécheurs, le soulagement des malades et l'éducation de l'enfance. Pour continuer son Œuvre, il fonda :

Une Compagnie de missionnaires (les pères du Saint-Esprit) pour réveiller la foi dans les villes et les campagnes ;

Une congrégation de Vierges (les Filles de la Sagesse) pour l'instruction des jeunes filles et le soulagement des misères humaines ;

Un institut de frères (les frères de Saint-Gabriel) pour l'éducation de l'enfance.

Il n'est pas surprenant après cela que toute une région de la France soit demeurée fidèle au souvenir de ce saint prêtre, se transmettant ses enseignements, ses leçons et surtout ses immortels cantiques où il faisait passer toute son âme.

Il fallait les entendre chanter ces cantiques sur les vieux airs empruntés aux romances Vendéennes et aux ballades bretonnes, pour juger de leur grande vertu. Un fait entre mille nous dit la bienfaisante popularité de ces cantiques. Lorsque l'armée de la Convention eut pris le bourg de Saint-Laurent-sur-Sèvre devenu le centre des Œuvres fondées par le Père de Montfort, elle mit au pillage la maison des Filles de la Sagesse. Deux jeunes sœurs furent emmenées à Nantes et condamnées à mort. Montées sur la charrette fatale, elles se mirent à chanter le cantique suivant :

> Je mets ma confiance
> Vierge, en votre secours.

A l'instant on fit silence pour les écouter et bientôt des milliers de voix sortant de la foule s'écrièrent : *Epargnez donc ces belles petites sœurs qui chantent si bien.*

Et cependant dans ces cantiques il n'y a rien de cette recherche exagérée. Les vers n'y sont pas toujours très polis et bien ciselés, mais ils sont pleins de clarté, de force et de piété. C'est une poésie toute chrétienne où le cœur parle plus que l'esprit. Aussi Montfort disait lui-même :

Voici mes vers et mes chansons ;
S'ils ne sont pas beaux, ils sont bons ;
S'ils ne flattent pas les oreilles,
Ils riment de grandes merveilles.

. . . .

Lisez-les et les chantez,
Pesez-les et les méditez.

Le saint missionnaire était d'une taille au-dessus de la moyenne et d'une constitution forte et robuste, mais affaiblie par ses travaux, ses marches, ses austérités, ses fatigues de toutes sortes. Il avait le visage allongé, le front large et élevé, les yeux vifs quoique bien modestes, le nez aquilin, le menton un peu long, les cheveux châtains, plats et forts courts. Il avait cet air de bonté relevé de noblesse et d'intelligence qui est d'ordinaire le rayonnement extérieur de la vertu.

Quant à son intérieur, il ressortait suffisamment de sa vie entière. Toutes ses actions étaient l'expression, la fleur, le parfum, le fruit de ses grandes vertus. Il aimait à se choisir des lieux de repos et de solitude pour s'y renouveler dans la ferveur et l'amour de Dieu.

III

SES MOYENS D'ACTION

Quand Montfort sortait de sa solitude, tout rempli de l'esprit de Dieu, il prenait son bâton en chantant :

C'est en fait, je cours par le monde,
J'ai pris une humeur vagabonde
Pour aller sauver mon prochain.

Et il partait tenant le Crucifix d'une main et le rosaire de l'autre. Il partait comme un conquérant, évangélisant les paroisses, multipliant les retraites et les missions, établissant des Confréries, ouvrant des écoles et laissant derrière lui, dans les croix qu'il plantait et les calvaires qu'il érigeait, autant de trophées de ses victoires.

On admire un homme de guerre qui, à la tête d'armées nombreuses, emporte des villes et conquiert des provinces. Qui n'admirerait cet humble prêtre remuant des diocèses entiers : Saint-Malo, Saint-Brieuc, Coutances, Rennes, Poitiers, Nantes, la Rochelle, Luçon, par la puissance de sa parole et marchant de victoire en victoire, toujours prêt à reprendre le lendemain la lutte interrompue la veille.

Il se hâtait d'établir des œuvres qui devaient rester après lui comme l'écho de sa parole. Semeur infatigable, il allait partout répandant autour de lui le pur froment de la doctrine évangélique. Chassé d'un champ, il passait dans un autre et partout germait sous ses pas la semence précieuse qui produisait de riches moissons. Que lui importait de travailler dans un lieu ou dans un autre, puisque partout la terre est au Seigneur et que partout se trouvent des âmes à sauver. Ses épreuves et ses persécutions ne faisaient que le grandir aux yeux des peuples qui ne s'y trompaient pas, et le vénéraient comme un saint. Ils l'aimaient, s'attachaient à ses pas et l'écoutaient avec d'autant plus de respect et de religion qu'il soutenait ses enseignements par les actes extraordinaires d'une vertu sublime. Jamais il ne se plaignait, jamais il faisait entendre la moindre plainte contre ceux qui le traitaient avec dureté.

Sa foi vive, elle passait de son âme dans l'âme du peuple attaché à ses pas ; elle y passait par l'instruction, par l'exemple et par la prière ; et si nous voulons connaître le secret de son ascendant sur les foules, nous le trouvons dans son amour passionné de la Croix et dans sa dévotion à la Sainte Vierge. C'était le levier d'une puissance incomparable par lequel il soulevait les multitudes et triomphait des sécheresses et et des duretés du jansénisme.

Vive Jésus, vive sa Croix ! c'était son cri de triomphe. « On nous empêche de « planter la Croix, disait-il, plantons-là « dans notre cœur, elle y sera mieux que « partout ailleurs. »

Le rosaire à la main, il allait de contrée en contrée ramenant les âmes dans les bras de Jésus et de Marie, épanouies et dilatées au grand soleil de la grâce. Il s'en servait pour convertir les pécheurs, se souvenant que Saint Dominique avait, par le rosaire, triomphé des hérétiques et il disait de cette arme invincible dans un langage d'une rudesse apostolique : « Que jamais pécheur « ne lui résistait une fois qu'il lui avait mis « la main au collet avec son rosaire. » Il en parlait souvent aux foules, leur enseignait la manière de le réciter avec la méditation des mystères. Il en prescrivait même la récitation quotidienne comme un secret révélé par le Ciel pour faire avancer les âmes dans la perfection. Grâce à lui, le rosaire s'implanta en Vendée et devint la prière commune.

Il fit connaître aussi le Sacré-Cœur, révélé à la bienheureuse Marguerite-Marie, et qui est la manifestation la plus vive de l'amour de Dieu pour les hommes ; il en parla avec tant de zèle que cette dévotion se répandit en Vendée qui est devenue et restera la terre du Sacré-Cœur.

Peut-être dans sa manière de vivre et d'agir en toutes choses a-t-on pu l'accuser de singularité, d'exagération, d'excentricité, il n'en fut pas moins, a dit un saint Evêque, l'un de ces géants de l'Apostolat qui ont fait éclater l'amour surhumain de la vérité et la passion des Ames.

Aussi les pères du Concile de Poitiers, réunis pour juger ses œuvres, ont-ils déclaré :

« C'est grâce au Vénérable Louis-Marie « Grignon de Montfort que l'on doit dans « nos contrées de l'Ouest d'avoir conservé « une foi vive, l'amour de la Croix et la « dévotion à la Sainte-Vierge. »

IV

LES PÈLERINS

Un pieux auteur a dit : que la mort d'un saint était comme la secousse qui brise un vase rempli de parfums. Une fois le vase brisé, le parfum s'en exhale et se répand partout.

Il en fut ainsi à la mort du saint missionnaire. Sa sainteté se répandit partout et l'on vénéra les lieux qu'il avait sanctifiés par sa présence. Telle fut entre autre sa grotte de Mervent.

Sans doute ce n'est pas là qu'il est mort ; il est mort à Saint-Laurent-sur-Sèvre pendant une mission.

Epuisé par ses mortifications et ses travaux, il se livrait à la prédication avec tout son zèle et son ardeur ; bientôt il se sentit pris d'un mal qui devait lui être mortel. Il se vit obligé d'abandonner la chaire et de se mettre au lit. Comme selon sa coutume, il couchait sur la paille, on l'obligea à prendre un matelas, mais le mal augmentant de plus en plus, la nouvelle se répandit de son état désespéré. Aussitôt les foules arrivèrent, se rassemblant à la porte de sa chambre et demandant à le voir une dernière fois.

Le saint missionnaire pria de laisser entrer, mais sa chambre, n'étant pas assez grande pour contenir tant de monde, dut se vider et se remplir plusieurs fois. Alors Montfort, voyant cette foule en larmes et voulant lui inspirer les sentiments qu'il éprouvait lui-même, ranima ses forces et se mit à chanter :

Allons, mes chers amis,
Allons au paradis
Quoi qu'on gagne en ces lieux,
Le paradis vaut mieux.

Après une lutte d'un moment, suivie d'un grand calme, il expira doucement sur les huit heures du soir, le 28 avril 1716, à l'âge de 49 ans.

Le bruit de sa mort se répandit rapidement, jetant la consternation dans les âmes, et l'on vit arriver à Saint-Laurent plus de dix mille personnes qui venaient de près et de loin pour assister à sa sépulture. Son corps fut déposé dans la chapelle de la Sainte-Vierge de l'église paroissiale où il est encore aujourd'hui, et son tombeau devint un lieu de pélerinage.

Il en fut ainsi de sa grotte de Mervent, qui fut témoin de ses prières et de ses pénitences.

Il y eut bien dans cette forêt de Mervent la grotte à l'ermite, auprès du Pont de Perrure, dont il ne reste plus qu'une dalle énorme inclinée sur un massif de maçonnerie. Là, dort de son dernier sommeil un pieux anachorète venu dans ces lieux sauvages pour y goûter le charme de la méditation et de la vie contemplative. Il y eut bien aussi les religieux cénobites de l'Abbaye des Roblinières qui chantaient des hymnes et cantiques. Il n'en reste plus qu'un souvenir : un petit monticule surmonté d'une croix de bois.

« La fureur des hommes plus destructive « que la main du temps s'est abattue sur « l'habitation des moines dont les pierres « ont été vendues à l'encan. L'herbe croît « dans le parvis du religieux monument. « Le lierre balance ses tristes guirlandes « sur les murs à moitié écroulés et les pâles « capillaires poussent dans le champ des « anciens Récollets. »

L'oubli a fait son œuvre.

Mais la grotte du Père Montfort n'a jamais été oubliée, pas même au temps mauvais de la Révolution. Les fidèles s'y réunissaient pour entendre la messe clandestine d'un prêtre proscrit, ou, quand le célébrant manquait, pour adresser à Dieu de ferventes prières.

L'administration départementale, instruite de ces rassemblements, en prescrivit la dénonciation à l'accusateur public (3 Messidor an V). Une descente de gendarmerie eut lieu (22 Prairial an VII). Et sur le procès-verbal qui en fut dressé, l'administration centrale enjoignit à celle de Foussais de faire disparaître toutes les constructions et de détruire tous les signes extérieurs de religion qui se trouvaient aux abords de la fontaine et de la grotte.

« Par bonheur, les ordres des autorités révolutionnaires ne furent pas toujours exécutés. C'est ainsi que pendant la Terreur, un missionnaire du Père Montfort traversait cette même forêt portant le viatique à un mourant. Il fut rencontré par des militaires qui le cherchaient.

« — Qui es-tu ? lui demandèrent les soldats.

« — Je suis prêtre, répondit courageusement le missionnaire et je porte le viatique à un mourant.

« — Eh bien ! passe, répliquèrent les soldats surpris de tant de sang-froid.

« Et il passa, mettant toute sa confiance dans le Dieu qu'il portait. »

Tout cela justifie cette parole de l'Ecriture : *In memoria æterna erit justus :* la mémoire du juste sera éternelle, elle ne périra pas.

Il y a plus de 170 ans que le Père Montfort est mort, et son souvenir est toujours resté là. La hache du bûcheron a jeté par terre des arbres qui inclinaient leurs branches sur la tête de l'homme de Dieu quand il priait dans sa solitude, mais sa mémoire est toujours restée là.

Plusieurs générations sont venues se prosterner devant cette humble grotte, elles ont disparu ; mais la mémoire du saint missionnaire est toujours restée là, impérissable comme les rochers qui forment la pieuse caverne. Elle a attiré et attire toujours les pélerins qui sont venus et continuent de venir par familles, par paroisse, par canton, par diocèse.

Le 8 septembre 1873, Monseigneur Colet,

évêque de Luçon, y conduisit ses diocésains au nombre de huit mille dans un pélerinage des plus édifiants.

Le 21 mai 1877, son successeur, Monseigneur Lecoq en conduisit près de trente mille.

Il était beau de voir cette foule d'hommes, de femmes, d'enfants, de prêtres, répandue de toutes parts sous les grands arbres de la forêt. Il était plus beau encore et plus impressionnant de contempler toute cette foule entourer pieusement l'autel champêtre sur lequel se célébrait l'auguste sacrifice et chanter les louanges de Dieu et de la Sainte-Vierge.

Cet élan ne s'est pas ralenti et l'on continue toujours de venir à la grotte de tous côtés, même des régions les plus éloignées. On y vient avec beaucoup de dévotion puiser de l'eau à la fontaine qui coule et à laquelle on attribue des effets merveilleux. Pour quelques-uns la forêt peut bien avoir une certaine attraction, mais pour le plus grand nombre, la grotte a quelque chose de plus encore :

Aller en forêt,
C'est bien.
Aller à la grotte pour prier,
C'est mieux.
Car un saint est passé par là.

Quand, en effet, on entre en cette grotte, on éprouve cette emprise de la piété et de la vertu qui indique qu'un saint est passé par là. On s'agenouille sur les pierres où il s'est agenouillé lui-même et l'on prie en union avec ce serviteur de Dieu. Qui pourra compter le nombre de pèlerins qui sont venus dans cette solitude, qui y viennent encore chaque année et qui y viendront dans la suite ?

La grotte n'a plus ce caractère sauvage d'autrefois. L'accès en est facile ; le mur qui la protégeait contre les vents du nord a disparu et se trouve remplacé par une rangée de bancs circulaires qui permettent aux pélerins de se reposer. A l'entrée se trouve une grille qui la ferme pendant l'hiver.

A l'intérieur sont deux statues : l'une représentant la Sainte-Vierge qui, d'après la tradition, aurait apparu là à son dévot serviteur et, l'autre, celle du Père Montfort. Cette dernière, en terre cuite, attribuée à une religieuse de la Sagesse, se trouvait dans une communauté de la Châtaigneraie. Elle fut placée dans la grotte par les soins de M. Héraud, curé de Mervent. On lui mit sur la tête une petite barette en drap noir et une étole au cou.

Au centre du jardin, au-dessus de la grotte, se voit une croix de mission élevée par la paroisse de Mervent en 1870. En 1897, M. Biré, sénateur de la Vendée, fit placer au-dessus de la grotte une seconde statue en pierre, due au ciseau de M. Renaud-Bizet, de Luçon. En 1882, un chemin de croix fut érigé dans le jardin autour de la croix de mission. Enfin un autel en granit, œuvre de M. Métivier, de Fontenay, fut donnée en

1886 par M. de Gemonville, pour compléter l'ornement de la Grotte et permettre d'y célébrer le saint sacrifice de la messe.

V

CANTIQUES

Cantique à la Sainte Vierge

Composé par le P. Montfort et souvent chanté par lui-même

1. Que mon âme chante et publie
A la gloire de mon Sauveur,
Les grandes bontés de Marie
Envers son pauvre serviteur.

Refrain

Marie est notre tendre Mère,
Allons tous par elle à Jésus,
Et quand nous quitterons la terre,
Nous serons au rang des élus.

2. Que n'ai-je une voix de tonnerre,
Afin de chanter en tous lieux
Que les plus heureux de la terre
Sont ceux qui la servent le mieux.

3. Marie est ma grande richesse
Et mon tout auprès de Jésus ;
C'est mon bonheur, c'est ma tendresse,
C'est le trésor de mes vertus.

4. Elle est mon arche d'alliance,
Où je trouve la sainteté,
Elle est ma robe d'innocence
Dont je couvre ma pauvreté.

5. Elle est ma ville de refuge
Où je ne suis point outragé,
C'est mon arche dans le déluge
Où je ne suis point submergé.

6. Je suis tout en sa dépendance
Pour mieux dépendre du Sauveur
Laissant tout à sa Providence,
Mon corps, mon âme et mon bonheur.

7. Quand je m'élève à Dieu mon père,
Du fond de mon iniquité,
C'est sous les ailes de ma mère,
C'est sur l'appui de sa bonté.

8. Pour calmer Jésus en colère,
Avec Marie il est aisé,
Je lui dis : Voilà votre mère
Aussitôt il est apaisé.

9. Cette bonne mère et maîtresse
Me secourt partout puissamment,
Et quand je tombe par faiblesse,
Elle me relève à l'instant.

10. Quand mon âme se sent troublée
Par mes péchés de tous les jours,
Elle est toute pacifiée
Disant Marie à mon secours.

11. Elle me dit sans son langage
Lorsque je suis dans les combats,
Courage, mon enfant courage,
Je ne t'abandonnerai pas.

12. Je vais par Jésus à son père
Et je n'en suis point rebuté,
Je vais par Jésus à sa mère,
Et je n'en suis point rejeté.

13. Je fais tout en elle et par elle,
C'est mon secret de sainteté,
Etre à Jésus toujours fidèle,
Pour faire en tout sa volonté.

14. Chrétiens, suppléez, je vous prie,
A ma grande infidélité,
Aimez Jésus, aimez Marie,
Dans le temps et dans l'Eternité.

EXTRAIT
DES CANTIQUES DE LUÇON
POUR PÈLERINAGES

Le Bienheureux Montfort

REFRAIN

Cœur de héros, vrai Français, vrai Chrétien,
Salut, Montfort, gloire de la Vendée
Garde nos cœurs dans la mêlée,
Forts et vaillants comme le tien.

I

Vendéens, saluez Montfort,
Le saint Prêtre à la vie austère,
L'Apôtre qui sur votre terre,
Fit un peuple croyant et fort.

II

Si notre nom est glorieux,
Si la Vendée a son histoire,
A Montfort en revient la gloire,
C'est lui qui forma nos aïeux.

III

Apôtre de la Vérité,
La Vendée épuisa ton zèle,
Elle t'a vu mourir pour elle,
Victime de la Charité.

IV

En des jours de deuil et d'effroi,
Gardant ton empreinte profonde,
La Vendée étonna le monde,
Par l'héroïsme de sa foi.

V

Si nos aïeux ont su mourir,
Martyrs d'une cause divine,
C'est que ton cœur dans leur poitrine,
Passait avec ton souvenir.

VI

Ta parole aux mâles accents,
Des pères forma l'âme ardente,
Que ta foi robuste et vaillante,
Vive à jamais dans les enfants.

REFRAIN

Marchons, peuple docile,
Sur les pas de Montfort,
Pour notre Dieu, pour l'Evangile,
Nous combattrons jusqu'à la mort.

I

Gloire à Montfort pendant sa vie,
Que de combats pour le Seigneur !
Dieu maintenant dans la patrie,
A couronné son front vainqueur.

II

Contre le vice et l'hérésie,
Contre les méchants conjurés,
Il déploya son énergie,
Défendant nos dogmes sacrés.

III

Comme autrefois la sainte Eglise,
Compte des ennemis nombreux,
Pour nous, gardons la foi promise,
Montrons-nous forts et généreux.

IV

Entendez-vous ces cris de rage ?
L'enfer exale son courroux,
Mais pourrions-nous craindre l'orage,
Lorsque Montfort est avec nous ?

V

Entendez-vous la horde impie,
Blasphémer le nom du Seigneur ?
Elle voudrait, dans sa furie,
Briser la croix du Dieu Sauveur.

VI

Partout l'erreur et le mensonge,
Font la guerre à la Vérité,
Et sans rougir l'homme se plonge,
Dans la honteuse Volupté.

VII

Faites tonner votre tonnerre,
Grand Dieu, frappez l'homme pêcheur,
Non, non, calmez votre colère,
Que votre amour gagne son cœur.

VIII

Peuple Chrétien, Jésus t'appelle,
A lutter pour sauver ta foi,
Montfort, ton Chef et ton modèle,
Du haut du Ciel veille sur toi.

REFRAIN

Priez pour nous, bienheureux Montfort.

I

Votre peuple en fête,
Montfort vient à vous,
Et sa voix répète,
Ce refrain si doux.

II

Jusqu'à nous rayonne,
L'éclat radieux,
Dont Dieu vous couronne,
Au séjour des cieux.

III

Pour notre Patrie,
Champ de vos travaux,
Que votre cœur prie,
Au sein du repos.

IV

Vous êtes sa gloire,
Votre nom toujours,
Vit dans sa mémoire,
Comme aux anciens jours.

V

Legs de nos ancêtres,
Votre image encor,
Sert aux toits champêtres,
De pieux décor.

VI

La reconnaissance,
Vous a placé là,
Souvent notre enfance,
Vous y contempla.

VII

Des cieux votre zèle,
Verrait-il périr,
Ce peuple fidèle,
Sans le secourir.

VIII

Votre cœur d'Apôtre,
Etait tout de feu,
Versez dans le nôtre,
Votre amour pour Dieu.

IX

A notre contrée,
Gardez son honneur,
Sa foi si vantée,
Qui fait son bonheur.

X

Faites qu'à cette heure,
d'Incrédulité,
Chez vos fils demeure,
La Fidélité.

XI

Dites nos alarmes,
Au Maître divin,
Pour sécher nos larmes,
Qu'il s'éveille enfin.

XII

Et que son Eglise,
Calme en ses dangers,
Au port nous conduise,
Heureux passagers.

REFRAIN

Vive Montfort, l'apôtre du Rosaire,
Vive Montfort, l'apôtre de la Croix,
Les deux amours du Fils et de la Mère,
Dans ce grand Cœur se trouvaient à la fois.

I

Bien jeune encore il montra pour Marie,
Tous les élans d'un filial amour,
Quand à l'autel de la Vierge chérie,
A deux genoux il priait chaque jour.

II

Comme il aimait à la nommer sa Mère !
Quand dans son cœur il épanchait son cœur,
Comme il aimait, durant sa vie entière,
A publier sa bonté, sa grandeur.

III

Des Vérités de la foi catholique,
Lorsque l'erreur méconnaissait les droits,
Le Bienheureux pour vaincre l'hérétique,
Du Chapelet fit son arme de choix.

IV

Le Chapelet fut son arme puissante,
Contre l'enfer, sa force et son secret,
Et pour son cœur, la prière charmante.
Et le moyen de devenir parfait.

V

Avec ardeur il répète sans cesse,
« Chrétiens, aimons la reine des élus,
Car cet amour est la grande richesse,
Et le secret pour aller à Jésus. »

VI

Si pour Marie il eut tant de tendresse,
Si ce doux nom faisait battre son cœur,
Aimer Jésus pour lui fut une ivresse,
Et des honneurs, le suprême bonheur.

VII

Jésus est tout, ô Montfort, pour ton âme,
Les autres biens sont des biens superflus.
Et pour calmer les ardeurs de ta flamme,
Il faut Jésus, tu ne veux que Jésus.

VIII

Mon cœur voudrait dire à toute la terre,
Aimons Jésus, aimons le doux Sauveur,
Aimons Jésus, le Jésus du Calvaire,
Laissons sur nous régner ce grand vainqueur.

IX

Vive Jésus, c'est le chant d'allégresse,
Que tu redis partout à haute voix,
Jetant partout ce cri de la tendresse,
Vive Jésus, chrétiens, vive sa Croix.

X

Vive la Croix, vive le saint Rosaire !
Que de Montfort le cri soit répété,
Vive Jésus, vive sa tendre Mère,
Et dans les temps et dans l'Eternité.

VI

MÉTHODE DU B. P. MONTFORT

Pour dire avec fruit le Saint Rosaire

Je m'unis à tous les saints qui sont dans le ciel, à tous les justes qui sont sur la terre, à toutes les âmes fidèles qui sont dans ce lieu. Je m'unis à vous, mon Jésus, pour louer dignement votre sainte Mère, et vous louer en elle et par elle. Je renonce à toutes les dictractions qui me viendront pendant ce Chapelet, que je veux dire avec modestie, attention et dévotion, comme si c'était le dernier de ma vie.

Nous vous offrons, très-sainte Trinité, ce *Credo,* pour honorer tous les mystères de notre foi, ce *Pater* et les trois *Ave,* pour honorer l'unité de votre essence et la trinité de vos personnes .Nous vous demandons une foi vive, une ferme espérance et une ardente charité.

Je crois en Dieu, etc. — Notre Père, etc.

Trois fois Je vous salue, Marie, etc. — Gloire soit, etc.

Mystères Joyeux

L'Incarnation

Nous vous offrons, Seigneur Jésus, cette première dizaine en l'honneur de votre Incarnation dans le sein de Marie ; et nous vous demandons, par ce mystère et par son intercession, une profonde humilité.

Notre Père. *Dix fois* Je vous salue. Gloire soit...

Grâces du mystère de l'Incarnation, descendez dans nos âmes. — Ainsi soit-il.

La Visitation

Nous vous offrons, Seigneur Jésus, cette seconde dizaine en l'honneur de la Visitation de votre sainte Mère à sa cousine sainte Elisabeth, et de la sanctification de saint Jean-Baptiste ; et nous vous demandons, par ce mystère et par l'intercession de votre sainte Mère, la charité envers notre prochain.

Notre Père. *Dix fois* Je vous salue. Gloire soit...

Grâces du mystère de la Visitation, descendez dans nous âmes. — Ainsi soit-il.

La Naissance de Jésus

Nous vous offrons, Seigneur Jésus,, cette troisième dizaine, en l'honneur de votre Nativité dans l'Etable de Bethléem ; et nous vous demandons, par ce mystère et par l'intercession de votre sainte Mère, le détachement des biens du monde, le mépris des richesses et l'amour de la pauvreté.

Notre Père. *Dix fois* Je vous salue. Gloire soit...

Grâces du mystère de la Naissance de Jésus, descendez dans nos âmes. — Ainsi soit-il.

La Présentation au Temple

Nous vous offrons, Seigneur Jésus, cette quatrième dizaine en l'honneur de votre Présentation au Temple et de la Purification de Marie : et nous vous demandons, par ce mystère et par son intercession, une grande pureté de corps et d'esprit.

Notre Père. *Dix fois* Je vous salue.

Grâces du mystère de la Purification, descendez dans nos âmes. — Ainsi soit-il.

Le Recouvrement de Jésus

Nous vous offrons, Seigneur Jésus, cette cinquième dizaine, en l'honneur de votre Recouvrement par Marie ; et nous vous demandons, par ce mystère et par son intercession, la véritable sagesse.

Notre Père. *Dix fois* Je vous salue.

Grâces du mystère du Recouvrement de Jésus, descendez dans nos âmes. — Ainsi soit-il.

Mystères Douloureux

L'Agonie

Nous vous offrons, Seigneur Jésus, cette sixième dizaine en l'honneur de votre Agonie mortelle au Jardin des Olives ; et nous vous demandons, par ce mystère et par l'intercession de votre sainte Mère, la contrition de nos péchés.

Notre Père. *Dix fois* Je vous salue.

Grâces du mystère de l'Agonie de Jésus, descendez dans nos âmes. — Ainsi soit-il.

La Flagellation

Nous vous offrons, Seigneur Jésus, cette septième dizaine en l'honneur de votre sanglante Flagellation ; et nous vous demandons, par ce mystère et par l'intercession de votre sainte Mère, la mortification de nos sens.

Notre Père. *Dix fois* Je vous salue.

Grâces du mystère de la Flagellation de Jésus, descendez dans nos âmes. — Ainsi soit-il.

Le Couronnement d'épines

Nous vous offrons, Seigneur Jésus, cette huitième dizaine en l'honneur de votre Couronnement d'épines ; et nous vous demandons, par ce mystère et par l'intercession de votre sainte Mére, le mépris du monde.

Notre Père. *Dix fois* Je vous salue.

Grâces du mystère du Couronnement d'épines, descendez dans nos âmes. — Ainsi soit-il.

Le Portement de Croix

Nous vous offrons, Seigneur Jésus, cette neuvième dizaine en l'honneur de votre Portement de Croix ; et nous vous demandons par ce mystère et par l'intercession de votre sainte Mère, la patience dans toutes nos croix.

Notre Père. *Dix fois* Je vous salue.

Grâces du mystère du Portement de Croix, descendez dans nos âmes. — Ainsi soit-il.

Le Crucifiement

Nous vous offrons, Seigneur Jésus, cette dixième dizaine, en l'honneur de votre Crucifiement et de votre Mort ignominieuse sur le Calvaire ; et nous vous demandons, par ce mystère et par l'intercession de votre sainte Mère, la conversion des pécheurs, la persévérance des justes et le soulagement des âmes du Purgatoire.

Notre Père. *Dix fois* Je vous salue.

Grâces du mystère du Crucifiement de Jésus, descendez dans nos âmes. — Ainsi soit-il.

Mystères Glorieux

La Résurrection

Nous vous offrons, Seigneur Jésus, cette onzième dizaine, en l'honneur de votre Résurrection glorieuse ; et nous vous demandons, par ce mystère et par l'intercession de votre sainte Mère, l'amour de Dieu et la ferveur dans votre service.

Notre Père. *Dix fois* Je vous salue.

Grâces du mystère de la Résurrection, descendez dans nos âmes. — Ainsi soit-il.

L'Ascension

Nous vous offrons, Seigneur Jésus, cette douzième dizaine, en l'honneur de votre triomphante Ascension ; et nous vous demandons, par ce mystère et par l'intercession de votre sainte Mère, un désir ardent du ciel, notre chère patrie.

Notre Père. *Dix fois* Je vous salue.

Grâces du mystère de l'Ascension, descendez dans nos âmes. — Ainsi soit-il.

La Pentecôte

Nous vous offrons, Seigneur Jésus, cette treizième dizaine, en l'honneur de votre mystère de la Pentecôte ; et nous vous demandons, par ce mystère et par l'intercession de votre sainte Mère, la descente du Saint-Esprit, dans nos âmes.

Notre Père. *Dix fois* Je vous salue.
Grâces du mystère de la Pentecôte, descendez dans nos âmes. — Ainsi soit-il.

L'Assomption de la Sainte Vierge

Nous vous offrons, Seigneur Jésus, cette quatorzième dizaine, en l'honneur de la résurrection et de la triomphante Assomption de votre sainte Mère dans le ciel ; et nous vous demandons, par ce mystère et par son intercession, une tendre dévotion pour une si bonne Mère.
Notre Père. *Dix fois* Je vous salue.
Grâces du mystère de l'Assomption, descendez dans nos âmes. — Ainsi soit-il.

Le Couronnement de Marie

Nous vous offrons, Seigneur Jésus, cette quinzième et dernière dizaine, en l'honneur du Couronnement de votre sainte Mère ; et nous vous demandons, par ce mystère et son intercession, la persévérance dans la grâce et la couronne de la gloire.
Notre Père. *Dix fois* Je vous salue.
Grâces du mystère du Couronnement de gloire de Marie, descendez dans nos âmes. — Ainsi soit-il.

Dieu seul.

Je vous salue, Marie, fille très-aimable du Père Eternel, Mère admirable du Fils, Epouse très fidèle du Saint-Esprit, temple auguste de la très-sainte Trinité. Je vous salue, souveraine princesse, à qui tout est soumis au ciel et sur la terre. Je vous salue, refuge assuré des pécheurs, Notre-Dame de miséricorde, qui n'avez jamais rebuté personne. Tout pécheur que je suis, je me jette à vos pieds, et je vous prie de m'obtenir du bon Jésus, votre cher Fils, la contrition et le pardon de tous mes péchés, avec la divine sagesse. Je me consacre tout à vous, avec tout ce que j'ai ; je vous prends aujourd'hui pour ma mère et ma maîtresse : traitez-moi donc comme le dernier de vos enfants et le plus soumis de vos serviteurs. Ecoutez, ma princesse, écoutez les soupirs d'un cœur qui désire vous aimer et vous servir fidèlement. Qu'il ne soit point dit que de tous ceux qui ont eu recours à vous, j'en ai été le premier abandonné. O mon espérance ! ô ma vie ! ô ma fidèle et immaculée Vierge Marie ! défendez-moi, nourrissez-moi, exaucez-moi, instruisez-moi, sauvez-moi. — Ainsi soit-il.

Loué soit adoré et aimé Jésus au très-saint Sacrement de l'autel. — A jamais.

O Jésus, mon aimable Jésus ! O Marie, mère de Jésus et notre bonne mère ! donnez-nous s'il vous plaît, votre sainte bénédiction. — Ainsi soit-il.

Supportez-nous dans nos misères ; écoutez-nous dans nos prières, et nous gardez du monde et du démon. — Ainsi soit-il.

Nos cum prole piâ benedicat Virgo Maria

Dieu seul.

FONTENAY. — IMP. FONTENAISIENNE

www.ingramcontent.com/pod-product-compliance
Ingram Content Group UK Ltd.
Pitfield, Milton Keynes, MK11 3LW, UK
UKHW021507260726
13993UKWH00004B/1587

9 782329 199771